TABLE OF CONTENTS

I AM

I am a create(her)

Who uses her tongue to create

And within my creation

It insists me with the idea

To come up with this exact narrative

Placing us in the same place

Different positions

Me on my back

and you riding my face

I am a write(her)

Who uses her fingers

To slide between your margins

Writing my story along your g-spot

Leading you right up at the point of your climax

But we are far from this nonfictional decline

Heart racing but you don't want to relax

Giving you more for your readers digest

Did you get that?

[3]

I am a poet

Who uses my words to bring your imaginations to reality

Ending your wet dreams

Presenting you with wet reality

Metaphorically fucking every irony in multiple positions

And just like that I've secured your attention

MY PRIVATE PLACE

My private place is her safe place

All her insecurities are non-existent

Soon as she opens her legs

So I can taste

I watch how she gives everyone the run around

But soon as I send out the pussy signal

It's me she races to chase

Knowing the nut, she about to receive

Will charge her spirit up with power

I'm powerful in the pussy

A lot of her past partners last minutes

My minimum is a couple of hours

My private place is her home plate

I'm sliding in the pussy head first

And it's safe to say

When I'm up at bat

I'm hitting a home run in the pussy

[5]

She walks away from you so she can run to me

She gives you excuses

So, she can save her pussy for me

Her late nights spent gettin' lit with friends

She was getting nasty between my sheets with me

My private place is her getaway

Every other day when she reiterates how she needs her

space

Which always leads back to my place

Now she on my face

Switch it up

She givin' me face

She takes it slow with you

She says she only love for me to fuck her rough

She tells me you don't know how to

She fakes it with you

She keeps it real with me

Every da, da, daddy I'm about to cum was fake

[6]

She cum for me

I leave her body with shakes

She fakes cum for you

Get up, shower, and she be on her way

And by now you should know

She's headed back to my private place

MY BEST WORK

This will be my best work

Because I'm about to let you in to all my vulnerabilities

I'm ready to let you undress me

Bare ass and pussy

Lay me on my back and take all control

Letting your tongue write this story

My moans will speak every word

My narrator

Orchestrate this pussy

Yes, like a sweet symphony

This pussy will sing for you

I'm ready to pour

What's been waiting

Craving

Feenin' for you

Ride my face

I'm not stingy, and pussy as sweet as yours

I want your pussy dripping all over my face

Give me a taste

Arch in your back

While you stroke my tongue

Choke me

Rub my pussy

Yes, just like that

Close your eyes and just for one moment

Imagine that

Imagine how we both can reach our orgasm together

Let me fuck the oxygen out your lungs

Sparking a new way for you to breathe with no air

Not a question how to

Or how true

If you feel, there's any false hopes of that becoming

reality

Then lick my pussy so each moan I speak - your truths

I wanna fuck your soul's soul

So even if we go back in the future, you will still feel me

wanting me

in your present

[9]

Gifting you with good head

And eating birthday cake not on your birthday as a

present when I'm in your presence

Did I lose you?

No worries let my tongue guide you back where you

should be

Legs spread

Two hands gripping my head

Smothered in your pussy given you head

Pussy leaking

But my pipe will keep your pussy running

Have her turned on

No off switch

So yea, her pussy flowing

Like clean ass poem from a smooth as poet

Have em yelling rewind

So, I can reiterate how I had her pussy going

If I could describe fuckin you in 16 bars

I know it would be my best verse

Strap up stroking you

Have your pussy spitting like a beat box

Giving you that work

If pleasing you was a 9 to 5

Homies yelling out, "Reace where you been?"

"Bruh, at work"

Homie askin' me, "where are you going?"

"Bruh, I'm going back to work"

It's overtimes available

And I'm the only one they trust

To do the best work

DOWN & DIRTY

By the time you figure out my metaphors

I'm going to have your girl on all fours

She my bottom bitch

And she craves my doggish ways

We fuck

It's doggy style

Don't you dare call my straight woman gay

She takes this dick

You could never fuck her like that because I'm fucking

her like this

She never missed a rubber dick appointment

Taking dick from you is pointless

Stop telling these women your dick talk

When it comes to your dick, they hard of hearing

They can't hear it

When my pussy talk, they listen

I don't have to hold her head in it

Her mouth wears my pussy like headphones – keep her

listenin'

She gives my pussy mouth to mouth

Go ahead bae – breathe life in it

Oh, I forgot to mention

We even fucked in your mother's kitchen

That's why the Mac N Cheese came out

SMACK, SMACK, SMACK

Delicious

I was whipping in the pussy

I even did the Nae Nae in your cousin Nae Nae

Then I whip, whip, gave your momma a lil taste

Your daddy aint mind

Nope, he aint trip

I let him watch out

So he wouldn't feel left out

Why you think they always want me over

And we send you on a store run just to get you out the

house

Nasty, but yall knew that

Givin' free game

Where your pen at?

You just started licking clit with your fingers in her pussy

My dude I been on that

When she bust a nut on my dick

I shove my dick in her mouth

Taste that

We could never be in a pussy eating race

You coyote on a chase

I'm the roadrunner

No competition in this foot race

My tongue always in the right place

By the time you catch up

I'd had her bent up

Fucked her up

I've already sucked her nut up

And if I give her back to you

Thank me

You just lucked up

Don't fuck up

iPhone her Galaxy

[14]

Alexa call Reace

Now watch me pull up

Let's go

I keep her gassed up

Ass up

She never falls down

My strap keeps her ass up

Ready to fuck on demand

On my command

I'm the commander

Tie her hands up

I'm the handler

She eats pussy too

No double standards

Crave to fuck on a regular

Try to deny

Have her sick

She self-quarantine in my bed

14 days of prescribed dick

And she aint even got Corona

NO LOVE

Come here bae let me holla atcha

Wait one second before you roll up

I've been waiting all day for this moment we were face to

face to tell you

Tonight I don't want to make love

Tonight I wanna fuck

Matter fact we can be on that roll play shit

And make our own Pornhub flick

Drop to your knees

suck on this clit

Till I cum shot all on your face

Swallow don't you spit

Like a real bitch suppose too

Matter fact go back for seconds

Because that first nut from me to you

Was just a snack boo

I know I'm that nigga but tonight your my slut

Fuck that missionary face to face, gazing in each other

eyes, romantic shit

[16]

And bend over while I eat your pussy from the back and

stick my thumb in your butt

Call you my back door bandit

She love grabbing her ankle

While I eat it from the back

Knees get weak but my tongue keep her standin'

She my lil slim bihhh

With a nice lil fatty

So when I drop that black hammer in her

Like Kevin hart

My dick she Ride Alone

Then look back at it

And say, "Zaaayum Zaaaddy"

Yea, that's what she said

You like that shit I know

The way you bitin' your lip you have no idea where I'm

about to go

Tonight I don't want to make love

Tonight I wanna fuck

Strap up I'm king ding a ling

That's right strapped up I'm king ding a ling

Now hop on my dick

and ride it like a swing

She got her feet to the ceiling

But ain't I Plies

While my dick pokin' her spleen

Shit I'm in the pussy so deep

Bruh somehow I went deaf

Didn't know if she scream Reace or Weeeeee

Either one we both were enjoying the ride

She bust a nut

slid down off dick

Like 40ft water slide

Fuck Volcano Bay

You my main bitch but you better take this dick like my

side bitch

Like we both doing something wrong but

You can't say no to this dope dick

Drug shit

Shit for a second she was so lost in the feeling

She always feenin' and started sucking on my strap like

Pookie

Crackhead bihhh

No Neno Brown

But I'm gone drop this new jack

In yo city

"Am I - my brother's keeper"

Three long strokes

She couldn't help but scream "YES I AM"

I pull out

You sit on my face

eat your cream pie

I love how yo shit taste

Cause that shit the sweetest

Call you my edible arrangement

You been eating them pineapples bae

Mmmmmm I can taste it

I don't eat pussy gracefully

I eat pussy sloppy

She knights me with her legs

Her bed is the thrown

We always fuck royally

For goodness sake

She keeps me hydrated

because my bitch pussy like water

And I rather be crowned drowned and swimming in her

lake

Tonight I don't want to make love

Tonight I wanna fuck

HOW I WANT IT

I don't think you know how bad I want that pussy

I mean I want to put my face so deep in yo pussy

So when you nut

I can read your enter most thoughts

I know you ain't met one like me before

I'll eat your pussy and lick that booty too

Listen, I don't give a fuck about what yall do in the

privacy of your homes

I'm open in my shit

I'm open with my bih

She love when I open her up

Slow strokin' pokin' her intestines

Talkin' major shit

Yea bae take all this dick

Each nut she buss

I pull out

To eat her pussy like an applesauce cup without the

spoon

If my words making you wet

Come see what my actions can do

I'll have you with drunken thoughts

On a sober mind

Wanting me to fuck you to the end of time

Shit I can't deny

I wanna take you up on that offer

While I lay back and let you straddle my face

Because we both going to enjoy this ride

Let's gets adventurous

Capturing and bodying these bodies together

We on our threesome shit

I'm no man but I Will hold you down so baby be my Jada

I'm trying to come home after a long day and fuck you on

the kitchen table

Are you ready, willing, and able

I'm capable

Baby you wine fine

So let me sip your sweet Rose'

Shit let me shake you up

Like you favorite bottle of Moët

Because when we fuck it's a celebration

So shower me with your champagne

If I'm ever ask how was your pussy

My reply would be it has an expensive taste

And you probably can't afford it

She told me I fuck her so good

I deserve to be on Forbes List

We had to rewind because bae said this some real life

porno shit

And we gotta record it

Baby you ready for your close up?

My mannish ways fucks her up

She like Reace don't forget the rope

Y'all Know I'm Nasty

And she loves when I tie her up

SOS

I'm nasty and I can't help it

Every time she put that pussy

On my plate

I mean face

I'm licking my lips

Asking for a second helping

Yea serve me up

With no wait

VIP status

I need that pussy with the quickness

Eating pussy getting

Weather alerts like Amber Alerts

Forecast say

I'm about to experience

Heavy showers

So I open up

To receive it

I eat pussy so good

[24]

I will have you with an arch in your bk

Right before

Climax

You better believe it

Believe me

I love turning non-believers

To believers

Some people say

I'm Gay

So I'm going to hell

Well I'm turning the preacher's daughter out

Which makes her a sinner

Because I eat that pussy like

Sunday dinner

Every Sunday dinner

Right before Sunday dinner

And after Sunday dinner

Walking out from her bedroom

Thanking both her parents for

Sunday dinner

They telling me, "make sure you bring

your appetite for next week's Sunday dinner"

Sure will

When I'm on my knees

The only thing I'm looking up to is her pussy for

forgiveness

And I ain't ask none of y'all to forgive me

Believe me

Even amazing grace was lost

And now found

I fuck her until she go to scream

But produce

No sound

I be ready to die in the pussy

Drown in the pussy

She coordinating my head

Like a circus ring leader

So I act like a clown in the pussy

She claim she bisexual

But my strap is what she choosing

Yall thought I was go a whole poem without referencing

My fake dick

The ones some yall main baes

Probably did tricks with

If I'm lying I'm flying

On Henny and Red Bull

Still ain't flew yet

Matter of fact bae if that dude go to acting salty

Send me a SOS text

Strap On Standby

SHE NEEDS SAVING

When was the last time you've been cater to

Meaning there's nothing required from you

But to be present

In mind, body, and spirit

Leave the rest to me as you suppose to

Tonight I'm going to stroke your soul

Pleasing you has always been the ultimate goal

And that's what any real partner would do

Laced with many tools

So that's why many dudes

get mad because I'm fully equipped to insist you

with experiencing multiple nuts

That's why you here with me

Because I'm telling the truth

They would consider it unfair

What's unfair

is them not lasting long enough in your pussy to let it

reach its full nuts potential

It's pussy right now need saving

[28]

Come here bae and let me save you

I'm going to marvel in the pussy

That's how amazing it is

I'm going to swallow up the pussy

Like it's my last meal

I'm ice cold when it comes to pleasing your pussy

Leaving your body with chills

She said taking dick from you is like a tough pill to

swallow

She overdosing on me

Now she on suicide watch

After I let her taste my pussy

She tried to take all of me

She textin' me 911

Meaning it's a pussy emergency

She need me to come strap with urgency

Knock at the door

I was already on the way

STOP PLAYIN' WIT ME

When it comes to my tongue

It's priceless

No amount of money in the world

Can buy it

So when I choose to eat your pussy

Just know I saw it proper for me

I mean

Be thankful

Yes assume the position

& thank me

Now allow me to moan

Let my pussy speak

Wheew

The thought of your body pressed in between my thighs

Make me weak to my knee

SWV

She say when I eat her pussy it's a getaway

No question who can she run to when she need love

I'm her Xscape

[30]

Let me quarantine in the pussy

No corona

But my strap gone have you lock down

Bet if I'm waiting in her bed she ain't skipping curfew

She ain't gotta ask what my sex do

My sex so powerful you die

I'm gone fuck you to you come to

I eat pussy so good I breathe out my ears

Fuck my nostrils

When it comes to my sex

It can't be duplicated

So that's why yo people mad and hatin'

Hatin' when I have her mind at attention

Touch her pussy right now and become a witness

She's fantasizing about how I'm going to wrap her ass

up like a bow flex

I know she real flexible

She can't count on your dick

But she know my strap is reliable

[31]

Fuck that it's guaranteed

To make her pussy cream

She nut and scream baby

Just like Da Baby

I pull it out and smack her on her ass cheeks

And any lady witnessing this and wanna find out

Just Instagram @ me

SHORT AND SWEET

She can be with you

But I don't give a fuck

We all a lil drunk

You still with your homeboys choppin' it up

You let her leave with her home girls

Giving me enough time to scoop her up

Now she meeting me by my truck

And I'm about to take her on a trip

When u find out

Yes, you gone flip

We gone blame it on the liquor

For the reason she became bi-curious and slip

That's what majority straight women do so don't trip

Shit I got her back

She know that

Especially when I had her grabbing her ankles holding

her waist why she threw that ass back

Boy that ass phat

Now I see why you didn't want your girl to invite me

[33]

that pussy have you foolish like Ashanti

I don't know how to act

Look how it got me all off track

And If you ask

imma say I don't know how she got on the dick

Shit, she was lit

on that Liq

And must have

slip, then trip

You don't want me to have her

You can't see yourself without her

Once you forgive her

I'm gone be waiting outside your crib

Ready to receive her

I got you blowed I know - you don't want to say

She play straight with you

and with me she real gay

It is wat it is

Good day

JUST A TASTE

I wanna taste you

Yea you

The one over there looking at me

looking at you while I'm on this stage

Imagining your pussy welcoming me

With your juices

I'm a lil older than you I presume

So, yes let me drink from your fountain of youth, and

show you how youthful I can be

While my tongue enter your vaginal walls you grip tight

With all your might in fear if you let go

You gone let go and you ain't ready to cum yet to let go

Hand full of dreads ain't no letting go

I won't be surprise when you do bust you scream out

Leggo my eggo

Because this late night will be an early morning

I wanna taste you

[36]

Yea you, the sexy ass queen

Holding the iPhone with the Apple Watch

Let's exchange numbers so we can FaceTime

To figure out a good place to meet face to face

To exchange face time

Then hit redial because that FaceTime was the best time

you were faced with in a long time

Matter of fact let's fuck to an old R Kelly song

Bump and Grind

Cause you got me so anxious like Ginuwine

I want to die in the pussy

That's right D – I - E in the pussy

So let me fuck you until I'm on my last life line

If I flat line just sit on my face and allow your pussy to

breathe life in me until I'm back online

I wanna taste you

Yea you

The one with the heavenly glow

I want you to bow my head deep between your legs

[37]

As your thighs embrace my head like praying hands

My tongue so deep in the pussy

Nut after nut

You gone blessed me with

Got me speaking to your pussy in tongue

Truth be told ain't nothin' holy about this shit

It's a Christian in the room right now saying

This some ol freaky deaky Devil shit

Fuck that it's *My Private Place*

I want you to squirt on me like bih in a real live porno

flick

Have me feeling like my baptism

Dripping wet

Have me feeling

Born again

I'm gone fucked the hell up out you

I'm going to fucked the hell out you

Each climax going to feel like your soul trying to escape

out your body

Exorcism

For a split second it's going to feel like I'm eating you

While you are fucking your soul

While your soul eat me

One hell of a three some

Shit you got me ready to marry you, and your soul

Polygamy

So what's up can I taste you?

Yea you

The one who's been reading every word

I can tell your brain is in need of an orgasm

So let me fuck you to every syllable until your soul

embodies all my wisdom and shower me with your

perspective to ensure you retained every part of me

You follow me

Then follow me

When I'm done with this poem

That's right I'm gone hop in my truck

And you gone follow me

[39]

Back to my place

So you can give me what we both been wanting

A taste

HER GETAWAY

We both need a new scenery

Because shit starting to

Get too close to home

And I know you feeling me

I told her I want to fuck her out of town

We grown

We both know what we doing is wrong because she left

her people back home

She a queen to me

So gave her this crown

And as I bow

I can see her pussy

Ready to receive my mouth

With immediate appreciation

She hugged me with her thighs

While drowning out the rooms silence

With sexy ass moaning sounds

Because this head

Was the best head

[41]

she had in a while

That's wild

Yet, sad though

But I reassured her

With each orgasm I gave her

That I had her boo

I can do everything that that man do

But bust a nut in you

However, give me head

And yea I'm gone bust in you

Really I actually can do all

The things that man do

I'm trying to wake you up

With breakfast in bed

While you lay on your back

Receiving some fire ass head

First few strokes of my tongue

She gaspin'

Like Sanayi Lathan

After the prom

When she first felt the tip

Of Q head

Bae breathe I can't have you

Fallin' out dead

Cause if you die

I'm gone kill you

If that boy make you cry

I'm stroking you with Mr. Fix It

While wiping up your tears boo

My strap - I had change the name to Mr. "Fix It"

Because every time this nigga fuck up I got to fix it

Cause the he threw a fuckin fit

Last week when I hit her with the novacane

Dude must've stroked her similar to me

And yall know bae moaned my name

Mind gone I have her fucked up in the brain

She sending me text after text

Bae I can't wait

So I pull up

[43]

on her lunch break

Strapped ready to beat it on her

Lunch break

I had to pause from piping her down

To eat it on her lunch break

Shit I even got dessert

Straight cake

Her alarm going off

Because bae about her bag

And she ain't gone be late

she bust several nuts

She nervous because

She already hit snooze

And now she gotta hurry up

She headed to the

Center console

Wet wipes

Wait bae

I open up her legs

I got you

Face first

she should've known

I was gone clean her up

BLACK LOVE

I wanna eat your pussy like my favorite chocolate

As long as you melt in my mouth and all over my hand

Better be the plan

If your pussy could fly

My tongue will be waiting for your pussy to land

I want to slow stroke you

So your pussy can take my strap like quick sand

Even though she love my black love

She still want me to give it to her rough

She love for me to beat the pussy up

Ball up my fist to fist her

Giving her tough love

Say that shit louder

Have her screaming black power

We fuck for hours

No need to move into the shower

I'm on one knee like Kaepernick

Ready to bathe in her pussy shower

Straight water she a squirter

I fuck up her mind have her vowing that she will never

leave because it will hurt her

Not me

Collecting bodies

Grim reaper

Kill the pussy

KO sleeper

She stay beggin' for me to eater

Get her wet

go deeper

Deep sea diving

Sea creature

Want it rough

Pussy beater

When I switch up the flow

Like I switch up the stroke

Fuck grabbing ankles

[47]

I have her ass grabbing toes

I try pulling away

She bring me back

Like take this pussy

She don't want me to go

I love her logic

So I stayed in place

Let her put my pussy in her face

Feeding her my black girl magic

She get me to nut - it's magical

If my nut could give her kids

She would have a belly full

I'm trying to go foreign in the pussy

Cop the two seater

Just to eat her

Tell her ride my strap like a gear shift

Have her cumin when I Tokyo drift

Fast and furious

I fuel her pussy

[48]

Van diesel

She in all black on regular

Call her my Black Panther

Wakanda forever

Protect her pussy

How she protect the cause

My strap the AK

And I'm about to ham her

CEO pussy leader

Fuck like I need her

She make me cum

To want her

I stay to tease her

Her melanin taste better than

Whatchamacallit

I missed the caution

Slippery when wet

She make sure I fall in it

On a scale of 1-10

Make me judge

Her pussy deserve the whole dub

Her pussy 100 so cash in on her pussy like a c-note

Right before she climax she gone hit my favorite high

note

Reaaceeeeeeee!!!

CAN I HAVE YOUR ATTENTION?

Fellas can I have your attention

I know you starting to feel some type of way

Like I wonder what ol nasty lesbian eating my woman's

pussy gay shit she about to say

Do I have your attention?

Well, I'm ready to submit

Undress me from these clothes and see me naked

Now

How do you want me bent over ass spread?

Or you want me on my knees mouth open ready to be

fed

So, I can speak directly to the tip of your head

I'm tripping you want me to get on top and spell my

name on the dick

Watch how you say my name when I'm on it

Pussy right and I'm about to let you see how tight

Bringing back all your virgin fantasies tonight

Fuck it, what if I say put your dick in my mouth?

Far enough to ring the bell in the back of my throat

Don't choke at what I'm saying

because I'm definitely not choking on the snake down

my throat

That you are slangin'

Now that I got your attention fuck you

You know I'm nasty and this was definitely just a joke

it was never for you

I just knew I had to stroke your ego

To get close

Close enough to grab your lady's attention

Hey bae there she go

Now let me turn your sweet lady to *My Private Place* hoe

WHO GONE CHECK ME?

If you here with your chick

I'm about to give you pressure

I brought my bag so I'm strapped for heavy pussy

showers

Yea perfect time for pussy weather

Up on stage flexing like a nigga on steroids

Yall men should be paranoid

Cause a dyke with a bag is like a terrorist

Meaning I'm packing a deadly weapon

Ready teach your main bih a few lessons

To bring back to you and further your bedroom

progression

I am her

Her gay friend that come through and chill on the

weekends

And when we run out of blunts we send you to the store

so we can get to fuckin

Yea 69 because we can't waste time

So we get to eatin'

[53]

I told you I am her

But slang dick better than him

I got you feeling bi-curious I know

You're reading *My Private Place*, with your people

But you trying to resist

The fact that I turn you on

You know when I'm up on this stage

I'm put your pussy in the wet zone

With silent moans

Secret thoughts

Yet your mind

Can't hold water

So your cravings

Speaking loudly

Wanting me to eat you pussy

While your legs

Grip my shoulders

Telepathically telling me

Reace please take me home

[54]

Take me home bae take me home

Put it in my life

Like Sunshine

I'm Your Harlem Nights

She calling her house

like put daddy on the phone

She hit em with

hey I ain't never coming home

I'm hitting here from the back

As if she's on the phone with Yvette talking about Jody

Call me Rodney

But this ain't Baby Boy

Bae hang up the motherfuckin' phone

And she ain't calling back

Big facts

Matter of fact your next status should say

When Reace said,

Bae hang up the motherfuckin' phone

And she ain't calling back

I felt that

Her favorite position is when

I hit it from the back

Eat it from the back

Pussy so good when I eat it from the back

My nigga you know I can't help but smack

She say she from the mid-western state where

everything is bigger

Go figure

So I strapped up

And told her to saddle up

Ride this dick like a cowgirl in the reverse cowgirl

position

I don't think yall listening

Let me run it back in case you missed it

That's right I strapped up

Told her to saddle up

Ride this dick like a cowgirl in the reverse cowgirl

position

Reace I'm about to cum

Yeeee hawww

Bae so talented she learned

How to ride the dick like a seesaw

I bring out her childish ways

She say I fuck her so good she feel like she a prisoner to

the strap

Yea my in house slave

Don't call me master

But u can call me Zaddy

Shit if u got a jit

with pussy that good

I will be your baby Maddy

Real about my shit

Can I ask all the sexy ladies a question real quick?

Where the good pussy at, where the good pussy at?

Right here, right here, right here

Oh yea let me lick

You don't remember the last poem when I said, "fuck the

nigga u came with"

Meet me in bathroom

So I can make you cum quick

Then hit me in my DM

So we can schedule a date

I can make u cum on my dick

Fuck

You so sexy cum in my mouth

Cause when I say I want to taste you

That's what the fuck I mean

That's what the fuck I'm talkin' about

If you eating pussy right

Then you know what the fuck I mean

You know what I'm talkin' bout

Every nut she bust

I lick her clean

Pussy so good when I finish

[58]

I lick my lips and still taste her cream

Shit

You about to have me

call your momma

For a taste

Just to see if good pussy run in your genes

Fat pussy she have me singing in the pussy like

Ginuwine

Girl is it any more room

In those jeans

Pussy so good when she knock on the door

I open it up

Greeting her on my knees

Thank God for sundresses

Cause fuck undressing

I'm all in between

She secure me between her legs

Just me and her usher confession

Using my tongue while her pussy confessing

Yall Know I'm Nasty

But she just as nasty as me

When she done with this page

She probably wanna be sexually satisfied by me

And I got one more motherfucking question

Who gone check me?

LET ME LOVE YOU

Let me love you

Let me show you all the things

You and them niggas pillow talked to

But never made any moves on

Let me take you out the country

So you can experience a foreign sunrise

With nothing on

Because soon as we landed

Your pussy was so wet with appreciation

That I had to appreciate your sweet essence

A minimum of three nuts a day

I wouldn't dare give you nothing less than

Knock, knock, knock

Room service

Oh buddy at the door

Yea some shit I'm trying to get you accustomed to

You know the shit that you and them niggas used to

pillow talk to but ain't never make any moves on

Fucking with a nigga like me I will take you to a private

island so you can walk the shores with nothing but a

thong on

This shit ain't just a poem

This shit can be reality

In all actuality

Please check my resume

Why you sitting over there reading *My Private Place* next

to the nigga you pillow talk to

but never make any moves

I told you

Let me love you

Let me lay you on your back

While your legs wrap around

Like Indian style

around my neck

Each nut becomes a python hold

I'm tapping out like UFC

Please bae don't break my neck

Mesmerized by my intellect

Will have you yearning for me to teach you

The knowledge I will give you will have your fingers

tightly intertwined through my dreads so I won't stop in

efforts to absorb all my wisdom

The choice is simple, not algebra, nor trivia

Simple

But fuck

These days common sense ain't so common

Love, loyalty, consistency, uncommon

Police killing black people common

You wanting to stay with him after getting a taste of me

uncommon

Know the difference

Let me love you

So you don't have to lay in bed another night

next to a nigga you pillow talk to but will never make any

moves

[63]

You ready

Come on

IN A MINUTE

She says she ain't been fucked on in a minute

So, I told her once she done listenin' to YFN Lucci

We can change it

Fuck her so good she'll be bangin' me to put a ring on it

She said if my strap was a mic, she'll sang on it

Fuck that I told her even Beyoncé caught a wave and

taught you hoes

how to surfboard on it

She gave me a smile and I returned a smirk

Watching how her lips cover the blunt

With every inhale exhale

She got me imaging really giving her ass that work

Higher than a bih I got to thinking

I bet her pussy sweet like Ms. Butterworth

Another smile returned with another smirk

Now her legs uncross

Welcoming me into her skirt

I deserve the gold

The way I nosedived in that pussy

Father, please forgive me

Because I damn sure forgot to say grace

Before I began eating on that pussy

It was like the last supper

Fuck chewing I'm straight swallowing

All the juices from that pussy

But boy the stallion in me was led to water

So, I had to drink

I told her....

I was gone give her ass that work

When she came out

on the surface of her dinner plate

I had to finish eating the fruits of my labor

Her pussy reminded a nigga of juicy fruit

Pack with so much motherfuckin'' flava

I felt like a kid again back in the days

Strapped up hitting her from the back

Duggie Fresh in the pussy

Shit even Criss Cross made me want to jump in that

pussy

[66]

Ate and fuck every nut up out her

till she was left to squirt

Looked her dead in the face

Cause ironically my dick is cocky

And let it be known again I TOLD YOU I WAS GONE

GIVE YOU THAT WORK

So, the next time you ain't been fucked on in a minute

Call Reace and let me hit it

BETTER ASK SOMEBODY

I know yall want the nasty

But fuck that I'm about to give u

Runchey

Yea I'm that nigga

That love when you ride my face

And nut all over me

We ain't fucking if she ain't nuttin'

So grab a pen and pad homie

Because Reace bout to teach you

Somethin'

You better learn how to drop to your knees

And please her

When she grip hold to ya

That's her way showing ya

That she need ya

So I let her smother me with her pussy

To show her how bad

I want eat her

[68]

It's sickening how good she taste

And If I don't get that pussy

At least 3 days out the week

I'm catching fevers

Ask any chick I ever please bruh

The way I lick and stroke

I have em all catchin'

Seizures

Fucking up their cerebral

Giving them cerebral

When I make them nut they be

Like they can feel it in their spinal

That's their back

So I strap up

just to hit em from the back

Middle finger in her butt

Ironically she yell out fuck

That's what we doing

[69]

Rubbing my hands

Alone her spinal

As she throw it back

Quarterback calling plays

Cause

I throw this dick

And she my wide receiver

Touchdown

And we going for two

Get this...

Bae Never been to yoga

That don't stop

Her from going into a

downward dog for me

Best believe her pussy sang for me

Because I got the stick

That beat her drum

And yall know by now when I got her

Face down ass up she like

[70]

Reace about to cum

You heard it before

but it's all the same

Crazy thing is

I don't fuck em the same

Some like it fast

Some like it slow

Some like for me to fuck em like a motherfuckin' hoe

I'm on that and they know that

They love my savage ways

I probably fucked the chick you standing next to but you

will leave out this motherfucker

still questioning that

I'm her secret weapon

So when you act up cause you gone act up

They slide off your train

And jump on my track

All aboard

Two fingers in her

As she spread them legs open for me

Yea I'm conducting that pussy

Slow wine for me grind for me

She gone make sure that pussy on time for me

If she fucking you my nigga

Why you think she take and suck dick so swell

She getting her practice with me

I'm cool because I ain't kissing her in her mouth and by

all means

I keep a bottle of Listerine

And bae gargle like Eddie Murphy

Coming to America

Prince Hakeem

To kill your germs

I slang that strap royally

Have her hoppin' on one leg like

Whatever you like

Just to give me security

In hopes that one day I give

Her more of me

No strings attached

So I don't mind givin' her more of my strap

My fake ass rubber dick

But I ain't met not one lady

Who I ain't fuck

That haven't

Scream my name

Moan my name

Nut multiple times

Saying I better not

Take the dick away

Yea okay

Sad thing is you think she lying to you

When she come home to you

I never second guess her

she keep it 100 with me

[73]

Because when she done eating me

She come home and kiss you in your mouth

Passionately

Because we agreed to kick our game honestly

Making sure she's

Never lying to you about where she been

Because she make sure to share her

DinDin

Are you following along

I know you may not be feeling me

But when she leave my house

I know you tasting me

But I'm gone end this

shit right here

And you just gone have to wait till the next book when I

let your woman get another

Dose of me

She'll be back

And so will you

Better Ask Somebody

Don't dare leave her alone

Because I'm gone rock her boat like

Aaliyah

Why she ride this dick

Singing

Reace

Are you that somebody

And I am

Imma fuck her good and send her right back

But first I always gotta feed her

And you know she nasty

Just like me

So she drop to her knees because she know I like that

Cerebral

Yea your straight bih

Give a few drinks claim Bi bih

Ran across a woman like me now she the whole gay bih

Best believe she

Like to give me sloppy toppy

Yea that cerebral

COME HERE

Yea I'm tired of playing games

You say you wanna taste the rainbow

Well, it's time you eat my pussy

And when I nut you say my name

Fuck that I know when I nut you gone say my name

Because this pussy is grade a

And after the first nut I try pulling away they hold me

down and beg me to stay

I mean

You claim you was ready for a sample

So of course, I'm going to serve you up with the full

course

Saddle up bae and ride my strap like a horse

Fucking with me comes easy nothin' force

She said when I eat her pussy

I fuck her mind up and now she off course

She loves to be touch so I let my finger

Guide her

[77]

Baby love when I'm inside her

I mean she love how my tongue guide her

To one nut after the other

Best believe I'm giving her one nut after the other

Even if you fuck after me, she still going to run back to

me

because can't none of y'all nigga bring one nut after the

other like I do

I mean I don't expect nonbeliever to believe me, or hell

believe her too

Respect my top

It's cool if you want

because best believe the chick you been wanting

Going to respect my top

while I spread her legs and stroke this rubber dick

between her legs

and pound on top

EXPLANATION

If words were a gateway to your pussy

Just know I fucked you

I'm all about pleasing so if you need me to take it slow

Come here lay on your back and let me make love to

you

Are you comfortable?

Her body replies yes

As I swallow her response

Down my throat too

Her juices flowing heavy

Nut after nut

I'm trying to be her throat baby

The way her thighs grip my neck

Shows me how much

She loves how I suck on her click

While grabbing on her tits

Stroking her pussy like a guitar string

Have her harmonizing alone

While I lick on her pussy like ice cream

[79]

Milk does the body good

Strap up with vitamin D

It's not the real thing

But it doesn't stop me from satisfying your pussy needs

Let's skip to the credits

We both know the movie is a set up for 4play

And we both didn't come for play

All that slow touchin' soft kisses is nice

However

I want your mean side tonight

So, let's fuck

You wanna watch this movie or you wanna nut

Why watch a movie when we can re-create one

You know you want me to direct you

Look how your actin

Touch on your pussy

Your body began reacting

I want that pussy as bad as these niggas wanting the

PS5

And if you taxin'

Fuck it I'll pay for it

Trying to spend a whole day for it

Treat you like a slut and whore while

I fuck you on the floor for it

Treat me like Cinderella

And make me do chores for it

When you lock me away

Just make sure it's in your bedroom

Sex slave I'm on it

My face she climbs up on it

I say cum for me

She tells me baby you know it

Nickname my strap Prince Charming

because I'm here to save you

Heard your Pussy need recovery from

Lame niggas

So here I am 10 toes down

Ready to be brave for you

She rewards me with pussy

Loving how I say thank you with my tongue

I inhale nut like smoke

Safe to say her nut can be discovered in my lungs

Niggas still waiting for me to exhale

Pussy that good you gotta hold it in

I play no games yall rather fuck for fun

My sex so powerful you can feel it in your spirit

I'm not talkin' airlines

Sex so good even a deaf man can hear it

When I fuck her, I make sure to hold her hands

because she says sex with you was tragic

Protecting her virtue while fucking her from the back

She knew it was safe to let her pussy go

because she ain't never goin' back

Ask her

I bet her response be

Issa no fa me

The way I fuck will turn anybody on

Yes, sir even you

I know I will make your dick hard

He can't even remember shit I just said because he still

stuck on

Wait Reace can make my dick hard

Chill it's just a reference

For some reason, the same dike they don't like because

they hate how the dick is fake

And we can stay up in the pussy all night

Be the same dike you tell your friends

Bruh I bet that pussy tight

And your right

But you can't stop thinking

what can happen

if I would

Unfortunately, it won't happen

because I want to taste your chick

I wanna fuck your chick

Fuck I'm so nasty nigga you can sit back while you

watch this live porno flick

I'm not stingy

Go ahead stroke your dick

I'm definitely going to get a kick out of it

In the heat of the night

At the heat of the moment

you get to witness how quick straight women

Catch real feeling

For fake dick

So yes, I can make your dick hard

But be prepared to lose your woman if I would

she gone wanna hop on my track like the lil engine that

could

Railroad conductor

As I instructor

On what type of climax

She's about to experience when I fuck her

Baby just nut in my mouth

[84]

As I stay attached to your pussy like a human centipede

Baby nut in my mouth

And moan out Reace

Baby nut in my mouth

Because y'all know I'm nasty

And after she was done

She drops on her knees

And request the same from me

She ate my pussy with no hesitation

I just thought y'all needed an explanation

BOTH THEIR FANTASIES

This pussy reserve for her but I can tell he wants it too

You enter my private place

So, what the fuck both of yall gone do

You been imagining how wet my pussy gets

Wet like a Tsunami

How good my pussy taste

Replenish you like Fiji

Hydrate you

I'm your Gatorade

Whips, shackles, and chains

I'm your sex slave

Can you make my pussy talk back?

Insubordinate pussy

I know you gone like that

Go inside my pussy and try to leave

Just so I can snatch it back

Boomerang pussy

[86]

Yea I got that come back

Get me pass climax

Watch how my pussy react

This pussy last 12 rounds

Now which wanna yall ready to fight back

OPEN UP

They be scared of the pussy

I'm trying have my way with your pussy

Fuck that I played in mud

So what's a lil mud

Girl give me that pussy

No time to waste

Only time to fuck

You about to feel my strap in your chest

Working your ass out like a bow flex

She skipping leg day with you

Just so I can tie her legs up

Fold her up

Till she nut

Sorry she's closed for you

I pull up

She open up

Haters would say I lucked up

But yall know I'm nasty

[88]

And I'm gone suck her nut up with my thumb in her butt

She can't even say shit

Yet it don't stop her from giving me two thumbs up

That's why she closed for you

But for me her legs like a 24hr diner

They always open up

PLAY NO GAMES

Let me lick it and show you how bad I miss it

Because telling you has become under rated

Damn bae take all your clothes off

You are so sexy when you're naked

And love when you give your pussy to me

Even better when you put up a play fight

Because you rather let me take it

Like Taken

Have you prisoner to the bedroom

Making the bedroom boom

I'm not a celebrity

But that don't stop me from embracing the fame

Every time I leave your place

Your neighbors reply

"Have a good day Reace"

Yea

The neighbors know my name

The way I will have you

Moanin' and screamin'

When I'm fucking you between the sheets

The way I make you feel

Will have Victoria trying to figure out the secret

When truth of the matter is

I just be on some freak shit

Taking my time with the pussy

Only an amateur will try and rush it

No worries

I'm a veteran

And I give you my word when I say you will not find one

better than

She says I eat pussy so good

Guinness book of world records should name me the

world's best pussy eating champion

I fuck so good

I will

Fuck your emotions

[91]

Have you in a daze like the number 9 love potion

Give me all your nut

And then turnaround

Let me

Put it in your butt

Call me what you want

But you can't call me a joke

I don't play in the pussy

I treat that pussy like an entree

I bow my head

And before I eat, I say my grace in the pussy

Heavenly Father

Thank you for this food

That I'm about to receive

Amen

ADDICTED TO PUSSY

I don't know how you

feel about pussy

But pussy for me

Is one hell of a drug

Have me calling your best friend

Threatening her

To tell you

To call me back

Or imma fuck her up

One minute later

You at the door

Black robe

High heels

Your beauty is extremely deadly

I'm talkin' looks that kill

No draws on

So yea, she came ready to bring that pussy here

Straight to the room

[93]

No delay because

Just as ready as she is

You know I'm strapped up

With my gear

I wanted that pussy

Like a nigga

Who been locked away in solitary for years

So I laid on my back

Prompt my head on the pillow

So she can sit that pussy right here

Yea right here

So when my tongue

Feel her pussy grip

Indicating she about to

Let go

I pull her close, yea right her

So when she bust her nut

She bust it in here

And I pull her close

Because I want it all in here

Running down my chin

And don't stop because I want you bust

A nut in here again

Yea right in here

Matter of fact when u ride my tongue

Make sure you ride it

Right here

I don't know

how you feel about pussy

But pussy for me

Is one hell of a drug

Have me wanting to take you

In the bathroom

And fuck that pussy up

Shit I'm a woman

You a woman

These people drinking

So they want know what the fuck is up

Some of yall listen like

I know Reace nasty ass ain't

Here tonight strapped up

Someone's lady like to find out

if that's really what's up

A few yall just looked at my crotch

Look again and your mouth gone be full

And you gone get all this nut

Yea I love head too

Especially

When it's so good I gotta

Put my arm behind my head

While you face smothered

In my pussy giving me head

Yea she trying to get me to

wet the bed

And I ain't shame cause I'm gone

Give her what her tongue been working for

And when she done

Cleaning me up

I'm gone pull her close

Face to face

We not in France

Yet we shared love

"We, we"

So I French kiss her in her mouth

Lick her lips

Lick her chin

And clean her up

I even want that pussy

When it's that time of the month

Why you think they made tampons

For a nigga like me to eat that pussy up

Bruh don't never let her tell you

She can't give it up

Shit I tell her to

put some towels down

Yea I beat that pussy up

Murder scene

[97]

Because I don't know

how you feel about pussy

But pussy for me

Is one hell of a drug

Bein'Reace

aka Yall Know I'm Nasty

Photo by: BuddhaTree Visuals Location: Smoken Words

www.beinreace.com